Sebastian Scheffler

Jean-Jacques Rousseau. Das pädagogische Werk "Émile, ou De l´éducation" im Kontext seiner politischen Ideen

GRIN Verlag

Bibliografische Information der Deutschen Nationalbibliothek:

Die Deutsche Bibliothek verzeichnet diese Publikation in der Deutschen National-
bibliografie; detaillierte bibliografische Daten sind im Internet über http://dnb.d-
nb.de/ abrufbar.

Impressum:

Copyright © 2011 GRIN Verlag GmbH
Druck und Bindung: Books on Demand GmbH, Norderstedt Germany
ISBN: 978-3-656-38829-6

Dieses Buch bei GRIN:

http://www.grin.com/de/e-book/210493/jean-jacques-rousseau-das-paedagogische-
werk-emile-ou-de-l-education

GRIN - Your knowledge has value

Der GRIN Verlag publiziert seit 1998 wissenschaftliche Arbeiten von Studenten, Hochschullehrern und anderen Akademikern als eBook und gedrucktes Buch. Die Verlagswebsite www.grin.com ist die ideale Plattform zur Veröffentlichung von Hausarbeiten, Abschlussarbeiten, wissenschaftlichen Aufsätzen, Dissertationen und Fachbüchern.

Besuchen Sie uns im Internet:

http://www.grin.com/

http://www.facebook.com/grincom

http://www.twitter.com/grin_com

FRIEDRICH-SCHILLER UNIVERSITÄT
INSTITUT FÜR POLITIKWISSENSCHAFTEN

Seminar: Rousseau
Wintersemester 2010/2011

Jean-Jacques Rousseau- Das pädagogische Werk „Émile, ou De l'éducation" im Kontext seiner politischen Ideen

vorgelegt von
Sebastian Scheffler

vorgelegt am
24.02.2011

Inhaltsverzeichnis

1 Einleitung

Rousseau gehört unbestritten zu den wichtigsten und einflussreichsten Denkern der Aufklärung. Bei der Auseinandersetzung mit der Person und seinen Werken fällt sofort die Anzahl
an Publikationen auf, gleich welcher Art, die über ihn geschrieben worden sind. Das was die
überwiegende Mehrheit der Schriften bestimmt, ist zweifelsfrei sein Gesellschaftsvertrag, den
John T. Scott in einem seiner Essays einmal als das ausgedehnteste und umfangreichste Werk
in Rousseaus politischer Theorie beschrieb[1]. Es liegt folglich nahe, den Gesellschaftsvertrag als
den Ausdruck der politischen Philosophie von Rousseau anzusehen. Vergessen werden dabei
aber oft seine beiden Diskurse, die ebenfalls Ausdruck seiner politischen Philosophie sind und
ohne die der Gesellschaftsvertrag nicht in vollem Umfang verstanden werden kann. Ich wage
sogar die Behauptung, dass die Mehrzahl seiner Schriften in den politischen Kontext seiner Zeit
eingeordnet werden können.

Wie der Titel meiner Hausarbeit bereits verrät, geht es mir deshalb nun im Folgendem darum,
den *Émile* hinsichtlich einer möglichen Verbindung zu Rousseaus politischen Ideen zu untersuchen. Entgegen der meisten pädagogischen Autoren, die den *Émile* als die „Geburtsstunde
der Kindheit" feiern[2], werde ich mich dem Werk mehr aus der Sicht der politischen Überlegung
nähern. Zu diesem Zweck werde ich versuchen, Rousseaus wohl längstes und detailliertestes
Werk in Bezug zu Überlegungen einer Staatskonstruktion sowie seiner politischen Philosophie
zu stellen.

2 Geschichtlicher Hintergrund

In diesem Punkt soll es nun darum gehen, einen kurzen Überblick über das Umfeld und die
Einflüsse zu geben, in deren Kontext Rousseau seine Werke schrieb. Wichtig für mich ist dabei
zu untersuchen, ob und wie weit die Zeit der Aufklärung dabei eine Rolle spielte. Im Anschluss
werde ich einen kurzen politischen Abriss von Genf und Frankreich skizzieren und dabei etwas
genauer auf die Entwicklung des von Rousseau immer wieder angeprangerten Absolutismus
und die Rolle der Kirche eingehen, um so einen besseren Überblick und Einstieg über die poli-

---

1 Scott, John, Politics as the Imitation of the Divine in Rousseau´s „Social Contract", in: Polity (1994),
  26/3, S. 473-501.
2 Holmsten, Georg, Jean-Jacques Rousseau. Mit Selbstzeugnissen und Bilddokumenten dargestellt von
  Georg Holmsten, 14. Auflage, Reinbek bei Hamburg 1996, S.107.

1

tische Philosophie Rousseaus geben zu können.

2.1 Aufklärung

Die Aufklärung als Epoche bezeichnet eine alle Lebensbereiche umfassende Bewegung des 17. und 18. Jahrhundert, die mit zunehmender Zeit immer gesellschaftskritischer wurde. Die Voraussetzung dafür, dass ihre Ideen überhaupt Fuß fassen konnten, waren Erschütterungen der Macht und Autorität der gespaltenen Kirche während der Renaissance und des Humanismus[3]. Der Begriff leitet sich vom Aufklaren, oder von der Aufhellung durch das Licht ab. Aufklärung ist also ein metaphorischer Begriff. Der Mensch gerät in einen Erkenntnisprozess, bei dem er sich von alten Traditionen, Institutionen, Werten und Konventionen befreit, die nicht vernunftgemäß begründet werden können. Die Grundüberzeugung ist, dass die menschliche Vernunft Autonomie besitzt. Sie ist es, die über Wahrheit und Irrtum jeder Erkenntnis entscheidet und unser Handeln lenkt[4]. Das Instrument der Aufklärung ist die Kritik, die prinzipiell frei und nur der Gegenkritik unterworfen ist. Daraus lässt sich auch die omnipräsente Forderung nach freier Meinungsäußerung und Toleranz gegenüber anderen Meinungen ableiten. Mit dem Glauben an Vernunft verbindet sich ebenfalls der Glaube an Fortschritt, abgeleitet von den unbestreitbaren Erfolgen in Naturwissenschaft und Technik, der die beiden Begriffe immer mehr zu einer Einheit werden und somit zu Grundüberzeugungen und Leitgedanken der Aufklärung avancieren lässt.

2.2 Situation Genf

Genf war im Jahr 1712 kein Teil der Schweiz, sondern eine unabhängige Republik[5]. Seit 1309 hatten die Bürger von Genf das Recht, sich selbst zu verwalten. Über die Jahrhunderte geriet die Republik allerdings immer wieder unter fremden Einfluss, wie beispielsweise gegen Ende des 17. Jahrhunderts durch den Herzog von Savoyen.

Johannes Calvin kam im Zuge der Reformation 1536 auf Einladung von Guillaume Farel, der damalige Führer der Reformationsbewegung, nach Genf. Calvin versuchte damals eine voll-

---

3   Meyer, Annette, Die Epoche der Aufklärung, Berlin 2010,S 25.
4   Ebd., S.11.
5   Oelkers, Jürgen, Jean-Jacques Rousseau, in: Bailey, Richard (Hrsg.), Continuum Library of Educational Thought, Bd. 13, Norfolk 2008, S. 3.

kommene reformatorische Umgestaltung der Stadt. Der gesamte öffentliche und private Alltag sollte ein Gottesdienst sein. Die Leitidee des calvinistischen Denkens war die Hervorhebung der Souveränität und Ehre Gottes und die Betonung der Worte Gottes als ausschließliches Kriterium der Wahrheit und Gerechtigkeit, an dem die Kirche zu messen ist[6]. Zu diesem Zweck erließ der Rat der Stadt 1541 eine von Calvin verfasste Kirchenordnung mit vier Ämtern (Prediger, Lehrer, Älteste, Diakone). Deren Aufgabe war es, Sünder zu mahnen und im Notfall als Justizbehörde zu fungieren. Zu seiner Zeit in Genf wurde Calvin zu einem wichtigen Reformator für weite Teile Westeuropas, und die Stadt in Folge dessen zu einem wichtigen Zentrum für den später aufkommenden Calvinismus. Dadurch entwickelte sich die kleine aber wachsende Republik auch zu einem Fluchtpunkt für viele Protestanten aus Frankreich und ganz Europa. Rousseau wuchs also inmitten dieses calvinistisch geprägten Umfelds auf. Es ist nicht mit Sicherheit zu sagen, in wie weit ihn der Calvinismus als Religion beeinflusste, aber mit Sicherheit ist anzunehmen, dass ihn die Ideen der Moral geleiteten Gesetze beeinflusst haben[7].

2.3 Situation in Frankreich

2.3.1 Kurzer politischer Abriss

Frankreich im ausklingenden Mittelalter war ein Land, das in viele größere und kleiner Territorialstaaten zersplittert war, die untereinander in permanentem Konflikt um Vorherrschaft standen[8]. Diese Konflikte kondolierten sich aber im Laufe der Zeit immer mehr, so dass sich die Kämpfe zunehmend zwischen den Territorialherrschern abspielten. Nach dem Aussterben der Karolinger übernahmen die Kapetinger die Königskrone. Anfänge eines Gewaltmonopols zeigten sich erstmals unter Philipp II. August (1180-1223). Er etablierte eine einheitliche Verwaltung mit Lehnsrecht, welches die Untervasallen des Lehnsherren nun zuerst dem König verpflichteten. Alle entrichteten Lehen gingen dadurch direkt an den König. Der Adel bleib von dieser Abgabe befreit, da er im Ernstfall für den König Kriegsdienste leisten sollte. Als Folge

---

6 n.n., Art. Calvin, Johannes, in: Ahlheim, Karl-Heinz/ Preuß, Gisela (Chefred.), Meyers grosses Universal Lexikon in 15 Bänden mit Atlasband, 4 Ergänzungsbänden und Jahrbüchern, Mannheim/ Wien/ Zürich 1981, S. 125f.

7 Oelkers, Jürgen, Jean-Jacques Rousseau, in: Bailey, Richard (Hrsg.), Continuum Library of Educational Thought, Bd. 13, Norfolk 2008, S. 4.

8 Münch, Richard, Grundzüge und Grundkategorien der staatlichen und gesellschaftlichen Entwicklung Frankreichs, in: Kimmel, Adolf/ Uterwedde, Henrik, Länderbericht Frankreich. Geschichte Politik Wirtschaft Gesellschaft, 2., aktualisierte und neu bearbeitete Auflage, Bonn 2005, S. 25.

des 100-jährigen Krieges schaffte es Ludwig XI (1461-1483), die wichtigsten Lehnsfürsten als Vasallen an die Krone zu binden. Damit festigte er die Machtstellung des Königs erheblich[9].

Als die Bourbone mit Heinrich IV (1589-1610) den französischen Thron übernahmen, trat dieser, um seine Stellung während der Hugenottenkriege zu stärken, vom Protestantismus zum Katholizismus über. Jean Bodin begründete zu dieser Zeit theoretisch mit seinen *„Six livres de la république"* den Anspruch eines Fürsten oder Königs auf die absolute Herrschaft und die uneingeschränkte Souveränität. Dies wurde von Ludwig XIII (1610-1643) und Kardinal Richelieu (1585-1642) weiter zum Absolutismus ausgebaut, dem zufolge der Nutzen des Staates zur Richtschnur des politischen Handelns wurde[10]. Den Höhepunkt erreichte diese Staatsform aber erst unter Ludwig XIV (1643-1715). Unter seiner Herrschaft entwickelte sich Frankreich zu einem zentral geführten Beamtenstaat. Der König regierte allein, das Motto lautete *L'État, c'est moi!*. Ihm zur Seite standen Fachminister aus verschieden Ressorts und royale Intendanten in den einzelnen Provinzen. Frankreich leistete sich nun auch ein großes Heer, das entgegen der ursprünglichen Forderung an den Adel stand, im Gegenzug zu Steuererlässen für Frankreich Kriegsdienste zu leisten. Unter dem Sonnenkönig entstand auch ein bis zu diesem Zeitpunkt nie da gewesener Prunk, der sich in Großbauten wie Versailles ausdrückte. Da die herkömmlichen Einnahmen des Staates den enormen Geldbedarf des Heeres, der Kriege und der sonstigen Ausgaben nicht decken konnten, begründete Ludwigs Finanzminister Colbert den Merkantilismus[11].

Die Folge des Absolutismus und der neuen Wirtschaftsform war, dass der Adel seine eigenständige Macht einbüßte und folglich mehr und mehr in Abhängigkeit vom König geriet. Die Intendanten erlangten zunehmend Macht in den Provinzen und die lokalen Körperschaften verloren dadurch immer mehr ihrer Selbstverwaltung[12].

2.3.2 Rolle der Kirche

Das Edikt von Nantes das 1598, vom zum Katholizismus konvertierten französischen König

---

9 Ebd., S. 26.
10 Ebd., S. 26.
11 Dies war eine neue Wirtschaftspolitik die den erhöhten Bedarf von Geld durch erhöhte Steuereinnahmen befriedigen sollte. Das Prinzip war, das Rohstoffe, bevorzugt aus den eigenen Kolonien, billig importiert, in Frankreich verarbeitet und als Fertigprodukte ins Ausland exportiert werden. Zu diesem Zweck wurde die Infrastruktur gezielt gefördert.
12 Münch, Richard, Grundzüge und Grundkategorien der staatlichen und gesellschaftlichen Entwicklung Frankreichs, in: Kimmel, Adolf/ Uterwedde, Henrik, Länderbericht Frankreich. Geschichte Politik Wirtschaft Gesellschaft, 2., aktualisierte und neu bearbeitete Auflage, Bonn 2005, S. 27.

Heinrich IV unterzeichnet wurde, beendete vorerst einen langen Kampf zwischen Katholiken und Protestanten. Das Edikt erlaubte nun den Hugenotten, also den calvinistischen Protestanten, Glaubensfreiheit -eine freie Religionsausübung, die sie nun auch öffentlich zeigen konnten- und gewährte ihnen sogar Bürgerrechte[13]. 1685 wurde das Edikt aber von Ludwig XIV. wieder aufgehoben. Für die Hugenotten galt es nun, entweder ihren Glauben aufzugeben oder das Land zu verlassen. So ist die katholische Kirche, die seit Heinrich IV. mit dem absolutistischen Monarch verbündet war, als Sieger aus einem lange andauernden Religionskampf hervorgegangen. Da die Kirche als Stütze für die bestehende Ordnung fungierte und den Absolutismus dadurch ebenfalls legitimierte[14], wurde sie in den Augen der Aufklärung zu einer maßgeblichen Kraft der Beharrung.

3 Kurzbiografie und Einflüsse auf Rousseau

In diesem Punkt soll eine kurze Erläuterung über die Umstände der Entstehung des *Èmile* gegeben werden und wie sich dieses in Rousseaus Biografie einordnen lässt. Leider ist hier nur möglich einen Auszug aus seinen Lebensstationen zu zeigen, daher werde ich mich nur auf die aus meiner Sicht wichtigsten Aspekte seiner Biografie beschränken. Ein weiteres Augenmerk werde ich darauf verwenden, zu versuchen, die ideellen Grundlagen Rousseaus politischen Denkens zu skizzieren, da dieses ohne Zweifel von einigen Autoren sehr beeinflusst worden war. Dies geschieht nicht zuletzt weil er auf einige von ihnen in seinen Abhandlungen und Werken wiederholt Bezug nimmt.

3.1 Curriculum Vitae

Jean-Jacques Rousseau wurde am 28. Juni 1712 in der Republik Genf geboren. Jean-Jacques Vater, Isaac Rousseau, erbte von der Familie seiner Frau, die kurz nach der Geburt des Sohnes gestorben war, ein Haus. Wegen finanziellen Schwierigkeiten war er später jedoch dazu gezwungen, dieses zu verkaufen und in einen anderen Teil der Stadt zu ziehen[15]. Isaac unterrich-

---

13 Körber, Esther-Beate, Die Zeit der Aufklärung. Eine Geschichte des 18. Jahrhunderts, Darmstadt 2006, S. 142.
14 Münch, Richard, Grundzüge und Grundkategorien der staatlichen und gesellschaftlichen Entwicklung Frankreichs, in: Kimmel, Adolf/ Uterwedde, Henrik, Länderbericht Frankreich. Geschichte Politik Wirtschaft Gesellschaft, 2., aktualisierte und neu bearbeitete Auflage, Bonn 2005, S. 34.
15 Brockard, Hans, Nachwort, in: Rousseau, Jean-Jacques, Vom Gesellschaftsvertrag oder Prinzipien des Staatsrechtes, Bibliografisch ergänzte Ausgabe übersetzt von Hans Brockackard (Hrsg.) und Eva Pietz-

tete Jean-Jacques zu Hause. Dies führte dazu, dass seine Sicht auf die Klassiker der Antike und die Werke der großen Philosophen seiner Zeit nie durch die gängige Lehrmeinungen in Schulen oder der höheren Bildungseinrichtungen vorgeprägt war. Er beschritt also nie den konventionellen Weg der aufgeklärten Elite. Die Gedanken der Aufklärung, wie sie fast alle seiner Zeitgenossen vertraten, teilte er daher nie gänzlich. Eventuell lässt sich daher auch ein Stück weit erklären, warum Rousseau immer eine Art Außenstehender der Aufklärung war[16] und dies auch blieb.

Mit 16 Jahren verließ er Genf und traf ein paar Stunden von seiner Heimat entfernt durch Zufall die zwölf Jahre ältere Françoise-Louise de Warens, die zwei Jahr zuvor ihre Ehe annulliert hatte und nun in der Nähe von Chambéry lebte. Sie wurde für ihn seine *„trés-chére-maman".* Dabei ist diese Bezeichnung etwas irreführend, denn sie war mehr als nur ein Mutterersatz: Sie war ebenfalls seine Lehrerin und später auch seine Geliebte. Sie machte ihn vertraut mit der Kunst, der Musik, der Kultur und beeinflusste auch sein Literaturstudium[17]. Diese unkonventionelle Ausbildung war ein wesentlicher Bestandteil seiner späteren Kulturkritik und seiner Überlegungen über Erziehung. Im Jahr 1740 endete allerdings die Beziehung zu Madame de Warens, als Rousseau nach der Rückkehr von einer Kur seinen Platz an ihrer Seite von einem jüngeren Mann eingenommen sah.

Im selben Jahr übernahm er, im Alter von 28 Jahren, eine zweijährige Erziehungstätigkeit als Hauslehrer in Lyon bei der Familie de Mably . Zu diesem Zweck machte er sich planmäßige Gedanken über die Erziehung des Sohnes der Familie und entwickelte für diesen einen individuellen Erziehungsplan. Das Resultat dieser Überlegung war der *„Plan für die Erziehung des Herrn Sainte-Marie".* Zugleich war dies seine erste schriftliche Überlegung für eine gezielte Erziehung. Sein daraufhin einsetzendes nomadenähnliches Leben führt ihn nach Paris, wo er sich als Schriftsteller und Gelehrter der Musik versuchte. Diese Zeit war für ihn sehr von Tiefschlägen und, aus seiner späteren Sicht, von Intrigen geprägt. Nach einem einjährigen Aufenthalt in Venedig und der Rückkehr nach Paris 1745 lernte er Therese Levaseur kennen. Sie wurde zu seiner Lebensgefährtin bis zu seinem Tod im Jahre 1788. Parallel begann sein Aufstieg in die Pariser Elite der Aufklärung. Er freundete sich mit den wichtigsten Vertretern, unter anderem d'Almbert und Diderot, an und begann sein Wirken zuerst mit Abhandlungen über Musik

---

cker, Ditzingen 2003, S. 177ff.
16 Oelkers, Jürgen, Jean-Jacques Rousseau, in: Bailey, Richard (Hrsg.), Continuum Library of Educational Thought, Bd. 13, Norfolk 2008, S. 5.
17 Ebd., S. 6.

und später auch über Politik bis hin zu Staatsrecht. Der Einstieg zu letzterem bildete sein erster Diskurs mit dem Titel: *„Discours sur les Sciences et les Arts"* (*„Abhandlung über die Wissenschaften und die Künste"*) den er bezüglich der Frage: *„Le Rétablissement des sciences et des arts a-t-il contribué à épurer les mœurs?"* (*„Hat die Wiederherstellung der Wissenschaften und Künste dazu beigetragen, die Sitten zu läutern?"*), welcher anlässlich eines freien Wettbewerbs von der Akademie von Dijon gestellt wurde, schrieb. Darin stellte er den Fortschritt durch Wissenschaft und damit die Aufklärung als Ganzes in Frage, und machte sich selbst praktisch über Nacht zu einem Begriff in der französischen Aufklärung. Zugleich bildete dieser erste Diskurs den Grundstock für seine Kulturkritik, mit der er in den darauffolgenden Jahren zunehmend öffentlich anstieß. Dies führte in dessen Konsequenz im Laufe der Zeit zu immer mehr Zwist nicht nur mit den Vertretern der Aufklärung, sondern auch mit der Kirche und den Machthabern in Frankreich, später sogar zum Bruch mit seinen einstigen Freuden und Weggefährten[18].

1755 folgte, anlässlich der Frage: *„Quelle est la source de l'inégalité parmi les hommes, et si elle est autorisée par la loi naturelle?"* (*„Was ist der Ursprung der Ungleichheit unter den Menschen, und ist sie durch das natürliche Gesetz gerechtfertigt?"*), die ebenfalls von der Akademie von Dijon gestellt wurde, der zweite Diskurs mit dem Titel: *„Discours sur l'origine et les fondements de l'inégalité parmi les hommes"* (*„Abhandlung über den Ursprung und die Grundlagen der Ungleichheit unter den Menschen"*). Dieser Abhandlung nach entstand Ungleichheit zum einen durch eine Abweichung vom ursprünglichen Zustand, dem Naturzustand, und zum anderen durch ungleich verteilten Besitz[19]. Seine weiteren Ausführungen, es gebe eine natürliche und politisch oder moralische Ungleichheit, standen dabei erneut entgegen den Vorstellungen des *„Ancien Regime"*.

Was daraufhin folgte, war eine Fortsetzung seines nomadischen Lebens, das ihn zeitweilig sogar wieder nach Genf führte. In den Jahren dieser Entfremdung verschlechterte sich Rousseaus Gesundheitszustand massiv. Aber es war auch die Zeit, in der sein Roman *La nouvelle Héloïse* 1761, Du *Contract Social* und der *Émile*, beide 1762, entstanden.

---

18 Wie bereits in der Einleitung zu diesem Punkt erwähnt bin ich gezwungen mich auf das aus meiner Sicht wichtige für die Biografie zu beschränken. Bezüglich dieser Jahre seines Lebens gibt es noch sehr viel zu sagen allerdings empfinde ich für meine Arbeit als nicht notwendig dies weiter auszuführen. Zu sagen bleibt das zum Bruch mit den Enzyklopädisten viele Faktoren beigetragen haben, dessen bin ich mir bewusst, jedoch verweise ich hier wieder auf die gezwungene Vereinfachung der Sachverhalte.

19 Berger, Johannes, „Über den Ursprung der Ungleichheit unter den Menschen". Zur Vergangenheit und Gegenwart einer soziologischen Schlüsselfrage, in: Zeitschrift für Soziologie (2004), H. 5, S. 354-374.

3.2 Bedeutende Einflüsse für Rousseau

Es ist anzunehmen, dass der Vater einen immensen Einfluss auf Rousseau hatte. So bezeichnet er ihn im zweiten Discours als den *„besten Vater"*, den *„wackeren, braven Bürger"*, auf dessen Arbeitstisch Tacitus, Plutarch, Grotius und Pufendorf als die Quelle seiner politischen Gesinnung aufgeschlagen waren[20]. Auf diese soll im folgenden etwas näher eingegangen werden:

Jean Bodin (1529 oder 1530- 1596)-   Bodin gilt als Schöpfer des staatlichen Souveränitätsbegriffes. Von ihm stammen die *„Six livres de la république"* von 1577, in denen er seine Gedanken über Politik darlegte. Ihm zufolge bilden Vernunft und Gesetze die Grundvoraussetzung einer Ordnung des menschlichen Zusammenlebens[21]. Der Staat besteht aus einer gerechten Regierung von mehreren Familienverbänden, die sich einen obersten Fürsten als Regenten geben. Souveränität bestimmt er als die eigentliche Staatsgewalt, die ihren Ausdruck in der Gesetzgebungsbefugnis hat und auf dem Willen des Fürsten gründet. Dieser ist nicht an die selbst erlassenen Gesetzte gebunden. Das Ziel der Gesetze soll Gerechtigkeit sein. Dieses Maß äußert sich demzufolge in den Gesetzen des Fürsten, die dann auch als Recht gelten. Im Fürsten müssen also Gesetz und Recht zusammenlaufen. Die Überlegung basiert auf der Staatsformenlehre von Aristoteles. Bodin geht es dabei nicht um die beste Staatsform, sondern mehr um die Frage nach der größten Garantie für die Verwirklichung von Gerechtigkeit. Wobei Gerechtigkeit nach heutigen Maßstäben wohl eher mit dem Begriff der Harmonie, also Ausgeglichenheit der Kräfte, gleichzusetzen wäre. Deshalb müssen sich Fürsten auch anpassen an die geschichtlichen Entwicklungen. Bodin ist sich bewusst, dass es eine permanente Veränderung gibt, die unvermeidlich zu geschichtlichem Wandel führt. Es geht letztendlich nur darum, den Wandel ohne eine revolutionäre Umgestaltung zu vollziehen[22].

Hugo Grotius (1583-1645)-   1625, mitten im 30-jährigen Krieg, erscheint sein Buch *„De jure belli ac pacis"* *(„Vom Kriegs- und Friedensrecht")*. Nach dem besitzt der Mensch Vernunft und einen natürlichen Trieb zur Gemeinschaft. Aus der Vernunft leitet sich das Na-

---

20 Röhrs, Hermann, Jean-Jacques Rousseau. Vision und Wirklichkeit, 3., überarbeitete und erweiterte Auflage, Köln/Weimar/ Wien 1993, S. 105.
21 Franklin, Julian, Art. Bodin, Jean, in: Craig, Edward (Hg.), Routledge Encyclopedia of Philosophie, Bd. 1, London/ New York2005, S. 795-799.
22 Brockard, Hans, Nachwort, in: Rousseau, Jean-Jacques, Vom Gesellschaftsvertrag oder Prinzipien des Staatsrechtes, Bibliografisch ergänzte Ausgabe übersetzt von Hans Brockackard (Hrsg.) und Eva Pietzcker, Ditzingen 2003, S. 177ff.

turrecht ab. Jeder Eingriff in die menschliche oder gemeinschaftliche Machtsphäre bedeutet für ihn Krieg. Der Krieg stellt damit das Objekt der Rechtsordnung überhaupt dar. Jede Handlung, sein Naturrecht zu verteidigen, gilt ebenfalls als Krieg. Dabei unterscheidet er vier Arten von Kriegen: zwischen Privatpersonen, zwischen dem einzelnen und dem Staat, zwischen dem Staat und der Einzelpersonen und zwischen Staaten[23]. Den Krieg zwischen Privatpersonen bezeichnet er als Notwehr, den Krieg des Staates gegen einen Einzelnen regelt das Strafrecht und den Krieg zwischen Staaten das Völkerrecht. So erklärt er das Naturrecht, also das universale Recht von Individuen, unabhängig von theologischen Voraussetzungen, für allgemein gültig. Dadurch wird er zum Vater des modernen Naturrechts[24].

Thomas Hobbes (1588- 16799)-   Entsetzt vom Bürgerkrieg in England verfasst Hobbes 1651 den *„Leviathan"*: Die Grundlage bildet die Annahme, dass der Mensch im Naturzustand gierig wird und dass er ein rastloses Verlangen entwickelt. Nichts kann seine Gier stillen, an diesem Punkt wird der Mensch des Menschen Wolf. Eine Gemeinschaft, bei der jedes Individuum aber auf den zusätzlichen Erwerb von Macht aus ist, kann auf Dauer nicht bestehen. Die einzige Möglichkeit ist daher, den Naturzustand und die daraus resultierende Angst zu überwinden. Als Lösung für das Problem entwirft er ein radikales Gedankenexperiment, bei dem ein Wesen erschaffen wird, das die Menschen vor fremden und gegenseitigen Angriffen schützt. Dabei übertragen sie ihre gesamte Macht und Stärke auf einen Menschen oder eine Versammlung von Menschen, die ihren Einzelwillen durch Stimmenmehrheit auf einen Willen reduzieren können[25]. Auf Grundlage dieses fiktiven Vertrages entsteht eine Art sterblicher Gott, der Leviathan, der absolute Macht über die Menschen besitzt. Denn er besitzt alle Gewalten und ist selbst an kein Gesetz gebunden. Erst wenn der Leviathan die Schutzfunktion, zu deren Zweck er gebildet wurde, nicht mehr erfüllen kann, kann der Vertrag wieder aufgelöst werden. Damit wurde Hobbes ein idealler Wegbereiter des Absolutismus.

Mit seinen Überlegungen zum Naturzustand allerdings beeinflusst er Rousseau, dessen Ansicht sich in der Grundannahme unterscheidet, dass der Mensch das Gute in sich trägt und erst durch die Gesellschaft verdorben wird.

---

23 Ebd., S. 203.
24 Ford, John, Art: Grotius, Hugo, Craig, in: Edward (Hg.), Routledge Encyclopedia of Philosophie, Bd. 4, London/ New York 2005, S. 185-186.
25 Sorell, Tom, Art: Hobbes, in: Thomas, Craig, Edward (Hg.), Routledge Encyclopedia of Philosophie, Bd. 4, London/ New York 2005, S. 459-476.

Samuel Pufendorf (1632- 1688)- In seinem 1672 erschienenen Hauptwerk *„De iure naturae et gentium" („Vom Natur- und Völkerrecht")* beschreibt er, dass dem Menschen die Fähigkeit zur *„Kultur"*natürlich ist[26]. Der Mensch ist bereits im Naturzustand eine Gesellschaftswesen mit Drang zur Vollendung der menschlichen Natur. Der Übergang dazu geschieht Erstens durch den Vertrag des Zusammenschlusses mit dem Beschluss der Regierungsform und Zweitens durch einen Unterwerfungsvertrag, bei dem die Gesellschaft die Herrschaft auf eine Regierung überträgt. Damit wird die Regierung uneingeschränkt souverän und versammelt den ganzen Staatswillen in sich, solange sie den Staatszweck, zum Beispiel der Schutz der Bürger, erfüllt. Daraus folgt: Es gibt keine beste Staatsform, sondern jede Staatsform ist gut und rechtmäßig, solange sie ihren Aufgaben nachkommt. Umgekehrt besteht ein naturrechtliches Wiederstandsrecht, wenn die Regierung ihre Aufgaben nicht erfüllt. Pufendorfs Werk avanciert somit zum Standardwerk für Natur- und Staatsrecht.

John Locke (1632-1704) Er unterscheidet in seinem 1689 erschienenen *„An Essay Concerning Humane Understanding" („Ein Versuch über den menschlichen Verstand")* politische und elterliche Gewalt. Die elterliche dient dazu, die Kinder zu vernünftigen Menschen zu erziehen und endet, sobald das Ziel erreicht ist. Das Kennzeichen politischer Macht ist hingegen Recht mit Hilfe der Gesetze, Sanktionen und Strafen zu erlassen, die Eigentumsverhältnisse regeln und die Gemeinschaft vor Angriffen von Außen schützt. Alles geschieht also im Sinne des Gemeinwohls[27]. Auch er erklärt seine Überzeugungen aus dem Naturzustand heraus. Dieser unterscheidet sich aber durch das Recht und die Pflicht jedes Einzelnen zur Selbsterhaltung. Der Ausgangspunkt ist, dass kein Mensch einem anderen untersteht. Zur Selbsterhaltung ist es aber nötig, dass der Mensch sich Dinge aus der Natur aneignet. Damit ist Eigentum ein natürliches Recht. Eigentum an Sachen, die durch Arbeit erlangt worden sind, sind deshalb legitim. Mehr noch, weil der Mensch etwas durch seine eigene Arbeit für sich zum Besitz gemacht hat, besitzt kein anderer das Recht auf diesen. Allerdings endet das erworbene Eigentum dort, wo der Lebensunterhalt des einzelnen gesichert ist. Erwirbt einer mehr als er selbst verbrauchen kann, ist es nur vernünftig, dass sich ein Anderer, der Mangel leidet, dessen

26 Smith, Paul, Art. Pufendorf, Samuel, in: Craig, Edward (Hg.), Routledge Encyclopedia of Philosophie, Bd. 4, London/ New York 2005, S. 835-836.

27 Brockard, Hans, Nachwort, in: Rousseau, Jean-Jacques, Vom Gesellschaftsvertrag oder Prinzipien des Staatsrechtes, Bibliografisch ergänzte Ausgabe übersetzt von Hans Brockackard (Hrsg.) und Eva Pietzcker, Ditzingen 2003, S. 214f.

bemächtigt. Gleiches gilt für Nahrungsmittel wie für Land. In dieser Phase ist das Konzept von Eigentum also noch problemlos. Die Einführung von Geld allerdings hat zur Folge, dass Überschussproduktionen einen Sinn bekommen, weil sie eben in eine unverderbliche Ware, nämlich Geld, eingetauscht werden können. In Folge dessen kommt es zu Kapitalbildung, nachdem einige geschickter und lukrativer Eigentum angehäuft haben als andere. Damit ist stillschweigend die Zulässig- und Rechtmäßigkeit von ungleichem Besitz im Naturzustand anerkannt. Von Nöten wird nun ein Staat, der verhindert, dass im Sinne von Hobbes, durch die Ungleichverteilung, ein Krieg aller gegen alle entsteht und der Eigentumsverhältnisse regelt und garantiert. Zu diesem Zweck schließen sich die Menschen zu einem politischen Körper zusammen, der die Aufgabe besitzt, den Menschen Sicherheit zu geben und ihr Eigentum zu schützen. Aus dem Vertragsschluss folgt das Mehrheitsprinzip. Der Körper wird getrennt in Legislative und Exekutive.

4. Grundzüge seiner politischen Philosophie

Aus dem vorhergehenden Punkt ergibt sich, dass Vertragsdenken und Gedanken über staatliche Souveränität sowie über Naturrecht nicht neu waren. Mehr noch, sie waren in ihrer Ausformulierung bereits sehr weit fortgeschritten. Im folgenden will ich daher erörtern, wo Rousseaus Verdienst genau zu suchen ist.

Wirft man einen Blick auf die Zeit der oben angeführten Autoren, fällt auf, dass alle jeweils Zeugen eines, wenn nicht gar mehrerer europäischer Religions- und /oder Bürgerkriege waren. So lebte Bodin währende der Zeit der Hugenottenkriege, Grotius und Pufendorf während der Zeit des 30-jährigen Krieges und Hobbes während der Zeit des englischen Bürgerkrieges. Ihre Hauptwerke entstanden zumeist auch zeitnah und beschäftigten sich als Folge dessen mit eben jenen Zuständen und oft auch damit, wie man etwas derartiges ein weiteres Mal verhindern könnte. Das besondere an diesen Konflikten war jedoch stets, dass das Bürgertum sich versuchte zu befreien von entweder ständischen Einschränkungen oder von wirtschaftlich hemmenden Privilegien zumeist des Adels. Daraufhin wird das Bürgertum mehr und mehr zur staatstragenden Schicht, sorgt aber auch dafür, dass der Staat zunehmend geschwächt wird[28]. Am Ende der

---

28 Ebd., S. 218f.

Entwicklung standen zwei grundlegende Gedanken, zum einen der Gedanke der Souveränität und damit die Forderung nach einem Staat, der stark nach innen und nach außen ist und es
vermag, seine Bürger zu schützen und zugleich seine eigenen Interessen zu vertreten, und zum
anderen der Vertragsgedanke, der den Bürgern die Freiheit geben sollte, ihre Herrschaft, in welcher Form auch immer, selbst zu bestimmen und zu legitimieren. Auf diesen beiden Elementen,
Souveränität und Vertragsgedanke, gründet sich also die neuzeitliche Staatstheorie.

Hier setzt Rousseaus Denken an, jedoch gibt es für ihn einen Grundwiderspruch in der Gesellschaft, nämlich die Ungleichverteilung von Gütern unter den Menschen. Im Frankreich seiner
Tage werden immer mehr Güter für immer weniger Menschen produziert und die produzieren-
de Masse soll mit immer weniger auskommen. Eine Gleichheitsforderung lehnt er jedoch an
dieser Stelle ab, da für ihn das eigentliche Problem in der schlechten Regierung liegt. Die Besit-
zenden würden unter dieser ihre Interessen verschleiern, da eine schlechte Regierung Gleichheit ohnehin nur vorspielt. *„Daraus folgt, daß der gesellschaftliche Stand für Menschen nur
vorteilhaft ist, soweit sie alle etwas besitzen und niemand zu viel besitzt"*[29]. Er weiß allerdings
auch, dass dies eine Utopie ist und ist sich im Klaren darüber, dass nach dem Austritt aus dem
Naturzustand ab einem einmal erreichten Punkt eine Sicherung der Existenz ohne Eigentum
nicht mehr möglich ist. Das Grundproblem ist also: *„Finde eine Form des Zusammenschlusses,
die mit ihrer ganzen gemeinsamen Kraft die Person und das Vermögen jedes einzelnen Mitglie-
des verteidigt und schützt und durch die doch jeder, indem er sich mit allen vereinigt, nur selbst
gehorcht und genauso frei bleibt wie zuvor"*[30]. Die Lösung ist der Gesellschaftsvertrag, bei dem
jeder seine Person und seine ganze Kraft unter die oberste Richtschnur des Gemeinwillens,
also des unfehlbaren Willens Aller, stellt. Damit ist Rousseaus Antwort die Radikalisierung
des Vertragsgedankens, bei dem der Akt des Zusammenschlusses *„augenblicklich anstelle der
Einzelperson [...] eine sittliche Körperschaft"*[31] schafft. Die Körperschaft gibt sich Gesetze, die
die verlorene natürliche Gleichheit unter den Menschen in der Ordnung des Rechts wiederher-
stellt[32]. Denn einmal in Abhängigkeit macht dies sie unfrei und zu einem Wesen *„être relatif"*:
Aber die Unterwerfung unter die Notwendigkeit des Gesetztes macht den Bürger im gesellschaftlichen Zustand als *„être absolu"* wieder tugendhaft und frei, weil der Wille des Individu-
ums sich hier in den der Gemeinschaft, den allgemeinen Willen, einfügt.

---

29 Rousseau, Jean-Jacques, Vom Gesellschaftsvertrag oder Prinzipien des Staatsrechtes, Bibliografisch
    ergänzte Ausgabe übersetzt von Hans Brockackard (Hrsg.) und Eva Pietzcker, Ditzingen 2003, S. 26.
30 Ebd., S. 17.
31 Ebd., S. 18.
32 Ebd., S. 39f..

5 *Émile* oder die Erziehung

Nachdem Rousseaus Leben und seine Einflüsse dargelegt worden sind, werde ich nun versuchen, das Werk *Émile* etwas genauer in den Blick zu nehmen. Dabei ist mir wichtig, deutlich zu machen, wie sich das Werk in die oben angeführten politischen Vorstellungen von Rousseau einfügen lässt.

5.1 Das Kind in der Gesellschaft

Europa in der frühen Neuzeit war geprägt durch den Einfluss der katholischen Kirche. Die Vorstellungen, dass die menschliche Existenz endlich, und das jüngste Gericht unausweichlich sei, bestimmte das Denken. Der Glauben an einen Erlöser bestimmte zudem die Hoffnung. Die religiöse Geschichte Europas war also bis weit in das 16. Jahrhundert eine Geschichte der Erwartungen. Innerhalb des christlichen Denkens gab es allerdings auch verschieden Ansichten und Strömungen und demzufolge auch Interpretationen darüber, wann und wie der Übergang in das Jenseits eintreten würde. Der bereits im Mittelalter entstandene Chiliasmus[33] ging beispielsweise davon aus, dass das Ende bald kommen würde und man sich darauf vorbereiten müsse. Aus dieser Überlegung heraus wurde auch die Erziehung ein Bestandteil der Vorbereitung auf das Jenseits. Eine Weiterentwicklung dessen führt zu Comenius (1592-1670), der eine Reinigungs- und Erweckungspädagogik entwarf[34]. Nach ihm bildete der Mensch ein Ebenbild zu Gott, der auch das pädagogische Vorbild wurde. Dieses Konzept folgte erstmals dem Gedanken, dass Erziehung zu einer besseren Zukunft führen könne und zudem gestaltbar ist. Das neue Menschenbild zeigte sich später auch bei Locke. Nur ging er davon aus, dass der Mensch eine *„tabula rasa„* sei, also dass er form- und erziehbar ist. Die Erziehbarkeit des Menschen leitet sich für ihn also nicht davon ab, dass der Mensch das Ebenbild Gottes sei, sondern dass der Mensch sich an das ihm mögliche, an das individuelle Selbstsein halten sollte. Da der Mensch eine *„tabula rasa"* ist, steht ihm aber die Erziehung nicht nur zur Verfügung, sondern er bedarf ihr auch. Locke ging allerdings davon aus, dass jedem Menschen oder zumindest jedem Stand, eine eigene Art der Erziehung zuteil werden sollte, die den Menschen auf seine Rolle in der Gesellschaft vorbereitete. Dennoch ist hier der Schritt geschafft, die Erziehung von Menschen als Gegenstand von

---

33 Tremp, Peter, Rousseaus *Émile* als Experiment der Natur und Wunder der Wunder der Erziehung. Ein Beitrag zur Geschichte der Glorifizierung von Kindheit, Opladen 2000, S.125.
34 Ebd., S.126.

Überlegungen zu betrachten.

5.2 Das Menschenbild oder „Der Mensch ist gut aber die Menschen sind schlecht"

Die Sichtweise, wie man Erziehung umsetzt, resultiert aus den Überlegungen, wie der Mensch im Grunde beschaffen ist. Denn anders als Locke geht Rousseau nicht davon aus, dass der Mensch eine *„tabula rasa"* ist, die man bilden und formen kann, wie man will. Seine Grundüberlegung ist die, dass der Mensch von Grund auf gut ist und erst durch die Gesellschaft schlecht gemacht wird[35]. Verdeutlicht wird diese Annahme bereits im Vorwort zu *Émile*, in dem er der Gesellschaft als ganzes eine falsche Vorstellung von Kindheit vorwirft[36]. Das Böse kommt von außen, es ist also anerzogen. Wenn dem Kind etwas zu leisten oder zu unterlassen zugemutet wird, wozu es, aufgrund seiner geistigen und körperlichen Entwicklung, noch nicht in der Lage ist, entsteht daraus als Folge eine falsche oder fehlgeleitete Erziehung, Wenn das Kind also zum falschen Zeitpunkt geschont oder gefordert wird, ist das ein Eingriff in seine natürliche Entwicklung. Damit wird das Kind zu etwas gezwungen, was es aus eigener Kraft von sich aus noch nicht leisten kann, und folglich wird es böse. *„Das Kind ist nur böse, weil es schwach ist. Macht es stark und es wird gut sein. Wer alles kann, tut niemals Böses"*[37]. Die Erziehung muss also diesem entsprechen. Deshalb darf das Kind nicht überfordert werden, wenn die Erziehung naturgemäß, das heißt entsprechend seinen Möglichkeiten, erfolgen soll[38]. Damit skizziert Rousseau auch sein grundlegendes Erziehungskonzept, bei dem die Natur die eigentliche Erziehung übernimmt.

---

35 Bewusst werden hier die Wörter gut und schlecht benutzt, denn zum einen treffen diese Rousseaus Formulierung und zum anderen wird nicht immer klar was Rousseau eigentlich als gut ansieht. Diese beiden normativen Begriffe entbehren sich meist jeder genauen Beschreibung daher belasse ich es bei dieser Formulierung.

36 Rousseau, Jean-Jacques, *Émile* oder über die Erziehung. Schönigh, Ferdinand (Hrsg.), Vollständige Ausgabe in neuer deutscher Fassung besorgt von Ludwig Schmidts, 9. unveränderte Auflage, Paderborn u.a. 1989, S.5.

37 Ebd., S. 44.

38 Zu diesem Zweck postuliert er vier Leitsätze. Erstens, kindliche Erziehung muss sich an Kräften und Fähigkeiten des Kindes messen, denn Kinder habe an sich keine überschüssigen Kräfte, man muss ihnen deshalb ihre Kräfte lassen. Zweitens, der Erzieher muss dem Kind beistehen und ihm bei Einsichten helfen. Drittens, bei der Hilfe muss man sich auf das notwendige beschränken und Launen der Kinder ignorieren. Viertens, man muss die Sprache der Kinder kennen um Launen und Bedürfnisse unterscheiden zu können. Vgl.: Breinbauer, Ines M., Einführung in die Allgemeine Pädagogik (=WUV-Studienbücher Grund- und Integrativwissenschaften, Bd. 5), Wien 1996, S. 63.

14

5.3 Aufbau von *Émile* und das Ziel der Erziehung

Im Vorwort zu *Émile* macht Rousseau klar, dass das Werk eigentlich als Aufsatz geplant war, aber unmerklich ein Buch daraus entstanden ist[39], in dem er seine Vorstellung, seine Idee von der Erziehung darlegt. Das Werk ist mehr ein Roman und besteht aus fünf Büchern, von denen sich vier mit der fiktiven Figur *Émile* und eines mit der ebenfalls fiktiven Figur Sophie beschäftigen. Deshalb entwirft er sogar zwei Konzepte von Erziehung, nämlich das eines Jungens und das eines Mädchens. Die ersten vier Bücher, die sich mit *Émile* beschäftigen, sind grob in Erziehungsabschnitte und Altersphasen eingeteilt. Das fünfte Buch beschäftigt sich mit der Erziehung der Frau, die für ihn eine Sonderrolle einnimmt, und der Liebe zwischen *Émile* und Sophie.

Die richtige Erziehung ist primär die der Natur. Deshalb überlässt er die Erziehung von *Émile* in den ersten zwölf Jahren seines Lebens nahezu ausschließlich der *„negativen"*Erziehung. Das Kind soll sich in dieser Phase seines Lebens frei entwickeln, der Erzieher fungiert hier als Vorbild und wenn nötig als helfende Hand. Das Kind ist somit gezwungen, in erster Linie durch die Natur zu lernen, in der zweiten Phase dann durch die Menschen, und schließlich in der letzten Phase durch die Dinge. Das Ziel der Erziehung ist es, sich um ein *„tugendhaftes"* Leben zu bemühen.

5.4 Prinzip der *„negativen"* Erziehung und die Rolle des Erziehers

Wie oben bereits angedeutet, geht es bei der *„negativen"*Erziehung darum, dem Kind Freiraum zu geben, damit es sich selbst, eigenständig und ohne böse Einflüsse entwickeln kann. Negativ bedeutet dabei nicht, wie das Wort es vielleicht nahelegen würde, fehlgeleitete Erziehung. Ganz im Gegenteil ist es nach Rousseau eine notwendige Phase in der Erziehung des Kindes. Die Maxime lautet: *„Ich predige dir, mein junger Erzieher, eine schwere Kunst: Kinder ohne Vorschriften zu leiten und durch Nichtstun alles zu tun."*[40]. Es geht dabei um das eigenständige Erleben von sinnlicher Wahrnehmung, einem Verständnis der Dinge und der Einsicht in die notwendigen sittlichen Beziehungen zueinander. Das Leitziel bildet also die Erziehung des

---

39 Rousseau, Jean-Jacques, *Émile* oder über die Erziehung. Schönig, Ferdinand (Hrsg.), Vollständige Ausgabe in neuer deutscher Fassung besorgt von Ludwig Schmidts, 9. unveränderte Auflage, Paderborn u.a. 1989, S.5.
40 Ebd., S.104.

Menschen zum Menschen und damit das Aufbrechen der bis dahin gesetzten gesellschaftlichen Grenzen[41]. Aber was genau ist damit gemeint, und welche Rolle spielt der Erzieher? Zunächst einmal ist das ein Aufruf an den Erzieher, dem die große Aufgabe zuteil wird, das Kind vor allem zu bewahren, was es böse werden lässt. Er muss: *„nämlich verhindern, daß etwas getan wird"*[42]. *„Wenn es euch gelingt, nichts zu tun und zu verhindern, dass etwas getan werde, den Zögling gesund und stark bis ins zwölfte Lebensjahr zu bringen, selbst wenn er links von rechts nicht unterscheiden kann, so würde sich nun sein Geist von der ersten Lektion an der Vernunft öffnen. Nichts würde den Erfolg eurer Bemühungen verhindern, da er ohne Vorurteile und Gewohnheit ist. Bald wäre er unter euren Händen den der weiseste Mensch. Ihr habt mit Nichtstun begonnen und endet mit einem Erziehungswunder."*[43]. Das Kind ist von Natur aus gut. Bei der Geburt ist der Mensch beherrscht von seiner *„amour de soi"* (Selbstliebe), die er braucht um sich selbst zu erhalten. Mit Hilfe des Erziehers und der richtigen Erziehung soll verhindert werden, dass sich diese im Laufe des Lebens durch die Einflüsse der Gesellschaft in *„amour propre"* (Selbstsucht) wandelt. Der Erzieher muss deshalb dafür sorgen, dass das Kind aus der Empfindsamkeit heraus lernt, vernünftig zu urteilen. Dafür soll der Erzieher nicht bestimmen und anordnen, sondern Erziehung ist eher ein gelenkter Erfahrungsprozess, durch den das Kind selbst zum Ziel kommen soll. Positiv ist die Erziehung folglich nur dann, wenn der Erzieher es schafft, das Kind in Tugenden und Wahrheit zu unterrichten.

5.5 Erziehung nach dem zwölften Lebensjahr

Das Kind besitzt nun im Alter von zwölf Jahren einen Überschuss an Kräften und Fähigkeiten. Deshalb sieht Rousseau nun die beste Zeit für den Erzieher gekommen *Émile* aktiv in Fächern zu unterrichten. Jedoch ist nicht jedes Fach geeignet sondern vielmehr ist der Erzieher dazu gezwungen, eine Vorauswahl zu treffen. *„Von den Kenntnissen, die wir erfassen können, sind die einen falsch, die anderen unnütz, die dritten dienen nur dem Ehrgeiz"*[44]. Der Erzieher muss also festlegen, was *Émile* lernen soll, und dabei, so die Maxime, muss alles nützlich bleiben. So lernt das Kind beispielsweise Erd- und Himmelskunde durch Beobachtung und praktische Erfah-

---

41 Hansmann, Otto, Jean-Jacques Rousseau, Bd. 1, in: Lost, Christine/ Ritzi, Christian (Hg.), Basiswissen Pädagogik. Historische Pädagogik in 6 Bänden, Stuttgart 2002, S. 5.
42 Rousseau, Jean-Jacques, *Émile* oder über die Erziehung. Schönig, Ferdinand (Hrsg.), Vollständige Ausgabe in neuer deutscher Fassung besorgt von Ludwig Schmidts, 9. unveränderte Auflage, Paderborn u.a. 1989, S.5.
43 Ebd., S.72-73.
44 Ebd., S.157.

rungen kennen, oder gewinnt Kenntnisse über die Umgebung durch Sonnenaufgänge. Bücher verpönt Rousseau[45], da sie nicht dazu dienen *Émile* praktisch zu unterrichten. Eine Ausnahme macht er bei Defoes *„Robinson Crusoe"*, weil das Buch noch am ehesten seine Vorstellung des Menschen im Naturzustand unterstützt.

Diese Phase steht ganz in der Erziehung hin zu einem denkenden Wesen. *Émile* braucht Fertigkeiten, unter anderem auch ein Handwerk, das ihn befähigt, in einer Welt mit Arbeitsteilung zu bestehen. Ausgehend davon kann nun der Übergang in die Reifezeit stattfinden. In dieser soll er lernen zu fühlen. *Émiles* Körper verändert sich. Rousseau beschreibt dies mit der Metapher der zwei Geburten. Man wird einmal für die Gattung und einmal für das Geschlecht[46] geboren. Nach der zweiten kommt es zur Entdeckung der Leidenschaften und damit zum Eintritt in die Pubertät. Hier liegt aber auch die größte Gefahr, dass sich die Selbst- in die Eigenliebe wandelt und *Émile „herrschsüchtig, eifersüchtig, falsch und rachsüchtig macht"*[47]. Hier entsteht auch Mitleid als Basis für die moralische Ordnung und es entscheidet sich, ob das Wesen verdorben wird, oder moralisch gut bleibt. Ebenfalls treten die Begriffe: *„Ideen"*; *„Gott"* und *„Religion"* in das Leben von *Émile*. Danach plädiert er mit Hilfe einer fiktiven Geschichte über die Glaubensbekenntnisse des savoyischen Vikars dafür, dass die Religion sich frei machen soll von Dogmen, denn sie ist von den Menschen erschaffen und hat folglich nichts mit Gott zu tun.

6 Vergleichende Betrachtung und Schluss

Viele Rezensionen weisen Rousseau als weit vor seiner Zeit aus, Er wäre ein Mann, der viel erdacht und erahnt hatte, was den europäischen Kontinent erst lange nach seinem Tod beschäftigen sollte. Mit seiner Zivilisationskritik wurde er zum Vordenker des Sturm und Drang und auch heute, in Zeiten von ökologischen Rückführungstendenzen mit dem Motto „Zurück zur Natur" kann man ihm eine gewisse ideelle Verknüpfung nicht absprechen. Er beschäftigte sich erstmals mit dem Gedanken einer öffentlichen Erziehung. Dies wurde auch in den Erziehungsprogrammen der französischen Revolution aufgegriffen, jedoch von den Jakobinern um viele der von Vernunft geleitenden Einsichten gebracht[48].

Wie lässt sich nun aber *Émile* in den Kontext Rousseaus politischer Ideen setzen. Zunächst leg-

---

45 Ebd., S.179 ff..
46 Ebd., S.210.
47 Ebd., S. 213.
48 Hansmann, Otto, Jean-Jacques Rousseau, Bd. 1, in: Lost, Christine/ Ritzi, Christian (Hg.), Basiswissen Pädagogik. Historische Pädagogik in 6 Bänden, Stuttgart 2002, S. 52.

te er mit seinen beiden Diskursen den Grundstein für seine umfassende Kulturkritik. Schon in seiner Abhandlung über den Ursprung der Ungleichheit unter den Menschen wirft Rousseau die These auf, dass moderne Wissenschaften die Welt allein nicht besser machen, vielmehr plädiert er sogar für eine Weiterentwicklung der Moral[49]. Mit seinen Werken radikalisiert er viele Gedanken seiner Zeit und beeinflusst das Denken bis lange nach seinem Tod. Der Gesellschaftsvertrag bildet sogar ein Staatsmodell der Bürger, die in einer Doppelrolle gleichzeitig das Volk und den Souverän stellen. Es ist eine Idee für eine Staatsform der freiwilligen Vergesellschaftung freier Individuen, die sich unter der Richtschnur des allen gemeinsamen Gemeinwillen zusammenfinden und dadurch zu einer Gemeinschaft werden. Denn nur das Gesetz, das im Menschen gründet, ist dauerhaft und mächtig. Dieser Akt ist nicht nur vernunftgeleitet, sondern auch moralisch motiviert. Das wiederum setzt einen Menschen voraus, der dazu befähigt ist, diesen Vertrag auch anzunehmen. An diesem Problem der Erziehung hin zu einer Befähigung zum Gesellschaftsvertrag setzt Rousseaus Überlegung zu *Émile* an. Für die fiktive Figur *Émile* gilt, dass das Kind möglichst weit weg von der Gesellschaft seine *„negative"* Erziehung erhalten muss, um so nicht von der Gesellschaft verdorben zu werden. Dem Kind soll also eine kindgerechte Erziehung zuteil werden, die es nicht zu früh den Forderungen und Regeln der Gesellschaft aussetzt. Im Gegenteil soll dem Kind Zeit gelassen werden, seine Emotionalität und Spieltrieb auszuleben. Die Natur übernimmt dabei die grundlegenden Aufgaben der Erziehung. Dies kennzeichnet schon der erste Satz aus *Émile*. *„Alles ist gut, wie es aus den Händen des Schöpfers kommt; alles entartet unter den Händen des Menschen"*[50], wobei als Schöpfer hier die Natur als der Ausdruck des unverfälschten göttlichen Willens gemeint ist. Damit soll die Natur die Erziehung übernehmen und nicht mehr die Kirchen mit ihren Dogmen, die es nicht geschafft haben, die Menschen gut zu erziehen. Was er damit fordert ist nichts anderes als eine dogmenfreie Erziehung. Gleichzeitig setzt Rousseau die Natur als den Inbegriff des Guten und damit Gott gleich. Daraus resultiert, dass der Mensch keines Erlösers mehr bedarf, dies also eine Abkehr ist vom konventionellen Denken, denn bisher war der Erlöser auch in der Erziehung ein zentrales Element. Aber die erste Passage ist auch nur eine Weiterführung der Zivilisationskritik, die er mit den beiden Diskursen angefangen hatte. Durch Erziehung werden Individuen,

---

49 Oelkers, Jürgen, Jean-Jacques Rousseau, in: Bailey, Richard (Hrsg.), Continuum Library of Educational Thought, Bd. 13, Norfolk 2008, S. 9.
50 Rousseau, Jean-Jacques, *Émile* oder über die Erziehung. Schönig, Ferdinand (Hrsg.), Vollständige Ausgabe in neuer deutscher Fassung besorgt von Ludwig Schmidts, 9. unveränderte Auflage, Paderborn u.a. 1989, S. 9.

die mit sich im Einklang stehen, zu Menschen. Durch Erziehung erhofft sich Rousseau, alle Missstände, die der Prozess der Vergesellschaftung mit sich brachte, überwinden zu können. Dabei kann es nur einen Lehrmeister geben und zwar die Natur, die uns als das Ursprünglichste dient und als das, was uns am natürlichsten ist. *Émile* ist dabei ein Experiment auf die Frage, was wohl geschieht, wenn die Natur bei der Erziehung freie Hand hat und nicht gestört wird. Durch die naturgemäße Erziehung fehlt demnach der negative Einfluss, den die Gesellschaft auf das Kind ausüben könnte. Wenn man also dem Gedanken von Rousseau folgt, ist der Mensch zwar durch die Vergesellschaftung verdorben, genauso ist es ihm aber auch möglich, aus diesem Zustand wieder auszutreten, Es liegt also in seiner Hand, die Selbstentfremdung wieder aufzuheben. Mit *Émile* entwirft Rousseau nun eine Überlegung, wie man Erziehung so gestallten kann, dass der Mensch, der ja ursprünglich gut ist, diesen Status auch behalten kann und eben nicht ein Opfer der Selbstverfremdung wird. *Émile* ist also das Bindeglied zwischen dem im zweiten Diskurs beschriebenen wilden Menschen im Naturzustand und dem Menschen des Gesellschaftsvertrages. So baut seine Konstruktion des gut verfassten Staates auf dieser Überlegung auf, und *Émile* bildet nun das Werkzeug, den befähigten Menschen dafür zu bilden. Dies ist der Kerngedanke Rousseaus pädagogischer Überlegung. Das Kind soll also in diesem Sinne erzogen werden und so, mit dem größtmöglichen Maß an unverfälschtem naturbestimmtem Willen, seinen Aufgaben als freier Bürger, der sich mit anderen zu einem Gesellschaftsvertrag zusammenfindet, nachkommen. Daraus folgt, dass der *Émile* ebenfalls in der politischen Konzeption von Rousseau gesehen werden kann. Es baut sogar auf den anderen Büchern auf, denn aus *Émile* wird einmal der Bürger, den sich Rousseau als einen für den Gesellschaftsvertrag fähigen Bürger vorstellt. Damit bestätigt Rousseau selbst das, was viele seiner Rezipienten meinten, wenn sie sagten, dass er seiner Zeit weit voraus war, denn diese mittlerweile fast 250 Jahre alte Forderung ist nichts weiter, als unsere heutige oberste Maxime der Politikdidaktik: Die Heranbildung von mündigen Bürgern.

Literaturverzeichnis

Primärliteratur

Rousseau, Abhandlung über den Ursprung und die Grundlagen der Ungleichheit unter den Menschen, Aus dem Französischen übersetzt und herausgegeben von Philipp Rippel, Stuttgart 1998.

Rousseau, Jean-Jacques, Émile oder über die Erziehung. Schönigh, Ferdinand (Hrsg.), Vollständige Ausgabe in neuer deutscher Fassung besorgt von Ludwig Schmidts, 9. unveränderte Auflage, Paderborn u.a. 1989.

Rousseau, Jean-Jacques, Vom Gesellschaftsvertrag oder Prinzipien des Staatsrechtes, Bibliografisch ergänzte Ausgabe übersetzt von Hans Brockackard (Hrsg.) und Eva Pietzcker, Ditzingen 2003.

Sekundärliteratur

Ahlheim, Karl-Heinz/ Preuß, Gisela (Chefred.), Meyers grosses Universal Lexikon in 15 Bänden mit Atlasband, 4 Ergänzungsbänden und Jahrbüchern, Mannheim/ Wien/ Zürich 1981.

Berger, Johannes, „Über den Ursprung der Ungleichheit unter den Menschen". Zur Vergangenheit und Gegenwart einer soziologischen Schlüsselfrage, in: Zeitschrift für Soziologie (2004), H. 5.

Breinbauer, Ines, Einführung in die Allgemeine Pädagogik (=WUV-Studienbücher Grund- und Integrativwissenschaften, Bd. 5), Wien 1996.

Craig, Edward (Hg.), Routledge Encyclopedia of Philosophie, London/ New York 2005.

Gühlbahar, Tim, Autonomie als Ideal. Jean-Jacques Rousseaus politische Theorie, Marburg 2000.

Fenske, Hans (Hrsg.), Geschichte der politischen Ideen. Von der Antike bis zur Gegenwart, aktual. Neuausg., Frankfurt/ Main 2003.

Hansmann, Otto, Jean-Jacques Rousseau, Bd. 1, in: Lost, Christine/ Ritzi, Christian (Hg.), Basiswissen Pädagogik. Historische Pädagogik in 6 Bänden, Stuttgart 2002.

Hansmann, Otto (Hrsg.), Jean-Jacque Rousseau, 2 Bd., Baltmannsweiler 2002.

Holmsten, Georg, Jean-Jacques Rousseau. Mit Selbstzeugnissen und Bilddokumenten dargestellt von Georg Holmsten, 14. Auflage, Reinbek bei Hamburg 1996.

Kimmel, Adolf/ Uterwedde, Henrik, Länderbericht Frankreich. Geschichte Politik Wirtschaft Gesellschaft, 2., aktualisierte und neu bearbeitete Auflage, Bonn 2005.

Körber, Esther-Beate, Die Zeit der Aufklärung. Eine Geschichte des 18. Jahrhunderts, Darmstadt 2006.

Kraft, Volker, Rousseaus Emile: Lehr- und Studienbuch, Bad Heilbrunn 1993.

Meyer, Annette, Die Epoche der Aufklärung, Berlin 2010.

Oelkers, Jürgen, Jean-Jacques Rousseau, in: Bailey, Richard (Hrsg.), Continuum Library of Educational Thought, Bd. 13, Norfolk 2008.

Reitz, Tilman, Bürgerlichkeit als Haltung. Zur Politik politik des privaten Weltverhältnisses, München 2003.

Riley, Patrick, The Cambridge Compansion to Rousseau, Cambridge 2001.

Röhrs, Hermann, Jean-Jacques Rousseau. Vision und Wirklichkeit, 3., überarbeitete und erweiterte Auflage, Köln/Weimar/ Wien 1993.

Scott, John, Politics as the Imitation of the Divine in Rousseau's „Social Contract", in: Polity (1994), 26/3.

Tremp, Peter, Rousseaus Émile als Experiment der Natur und Wunder der Erziehung. Ein Beitrag zur Geschichte der Glorifizierung von Kindheit, Opladen 2000.

Taureck, Bernhard, Jean-Jacques Rousseau, Reinbeck bei Hamburg 2009.